NOUVELLE GALERIE MILITAIRE

PARIS,
AMÉDÉE BÉDELET ÉDITEUR.

Imp. Lemercier Paris.

LE SIÈGE.

NOUVELLE
GALERIE MILITAIRE

ALPHABET ILLUSTRÉ

AVEC

EXERCICES MÉTHODIQUES SUR LES PRINCIPALES DIFFICULTÉS
DE LA LECTURE.

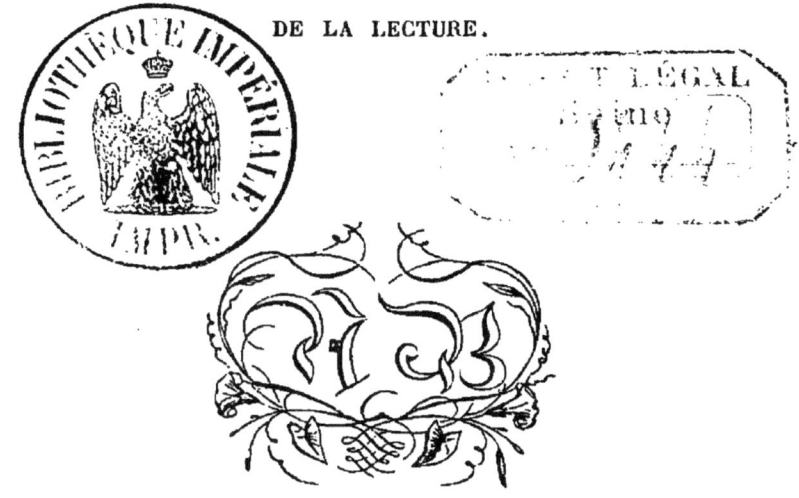

PARIS
AMÉDÉE BÉDELET, LIBRAIRE-ÉDITEUR,
20, RUE DES GRANDS-AUGUSTINS.

PARIS. — TYP. SIMON RAÇON ET COMP., RUE D'ERFURTH, 1.

LA MANŒUVRE.

ARTILLEUR.

BIVOUAC.

CANTINIÈRE.

DRAGON.

GALERIE MILITAIRE.

EXERCICE.

FORT.

GENDARME.

HONNEUR.

MATELOT EN FACTION.

GALERIE MILITAIRE.

INVALIDE.

JOUE !

KOLBACH.

LANCIER.

MARÉCHAL.

NAPOLÉON.

ORDRE.

PORTE-DRAPEAU.

ASPIRANT DE MARINE.

QUI VIVE!

RETRAITE.

SAPEUR.

TAMBOUR-MAJOR.

GALERIE MILITAIRE.

UNIFORME.

VEDETTE.

XANTIPE.

ZOUAVE.

ARTILLEURS.

MARÉCHAL.

ALPHABET

AVEC EXERCICES MÉTHODIQUES

SUR

LES PRINCIPALES DIFFICULTÉS DE LA LECTURE

PARIS
AMÉDÉE BÉDELET, LIBRAIRE
RUE DES GRANDS-AUGUSTINS, 20

PARIS. — IMPRIMERIE SIMON RAÇON ET Ce, RUE D'ERFURTH, 1.

PRISE DE CONSTANTINE.

A B C

D E F

G H I

J K L

M N O

P Q R

S T U

V X Y Z

LA LEÇON D'ÉQUITATION.

MINUSCULES.

a b c d e f

g h i j k l

m n o p q r

s t u v x y

z æ œ w

MAJUSCULES ANGLAISES.

A B C D

E F G H

I K L M

N O P Q

R S T U

V X Y Z

HALTE.

MINUSCULES ANGLAISES.

a b c d e f g h i

j k l m n o p q r

s t u v x y z w &

LETTRES DE RONDE.

a b c d e f g h i j

k l m n o p q r s t

u v x y z æ œ w

1er EXERCICE.

VOYELLES.

a e i o u y

CONSONNES.

b c d f g h j k l m
n p q r s t v x z

TROIS MANIÈRES DE PRONONCER E.

e muet.   é fermé.   è ouvert.

Leçon, Parole.   Bonté, Café.   Père, Mère.

ACCENTS.

Aigu   Grave   Circonflexe sur a e i o u.

Été, prière, âne, fête, gîte, trône, flûte.

PATROUILLE.

2º EXERCICE.

SYLLABES.

A

Ab-ba, ac-ca, ad-da, af-fa, ag-ga, ah-ha, aj-ja, ak-ka, al-la, am-ma, an-na, ap-pa, aq, ar-ra, as-sa, at-ta, av-va, ax-xa, az-za.

Plusieurs syllabes forment un MOT.

Pa-pa.   A-na-nas.

Plusieurs mots forment une PHRASE.

Pa-pa a-va-la l'a-na-nas d'A-nas-ta-se.

3ᵉ EXERCICE.

E

Eb-be, ec-ce, ed-dè, ef-fè, eg-ge, eh-hé, ej-jè, ek-kè, el-le, em-mé, en-nè, ep-pê, eq, er-re, es-sé, et-tè, ev-vê, ex-xe, ez-ze.

Hé-lè-ne a é-té à la pê-che, el-le a bar-bo-té, sa mè-re en a é-té ex-cé-dée.

Sons identiques de E.

Eu, œu, ent, ai, ci, et, est, er, ez.

Al-bert, al-lez a-vec ma mè-re et ma sœur; el-les ai-dent à pe-ser sei-ze bal-les de lai-ne.

TIRAILLEURS.

4ᵉ EXERCICE.

I

Ib-bi, ic-ci, id-di, if-fi, ig-gi, ih-hi, ij-ji, ik-ki, il-li, im-mi, in-ni, ip-pi, iq, ir-ri, is-si, it-ti, iv-vi, ix-xi, iz-zi.

Y a le son de I.

Y a-t-il i-ci la y-o-le d'Hen-ri ?

Y a le son de deux I.

Le vo-y-a-geur a é-té ef-fra-y-é.

Sons identiques du son IN.

Im, ein, eim, ain, aim.

J'ai bien faim et je n'ai pas de pain ! — Viens, pe-tit : ce pa-nier est plein de mas-se-pains de Reims ; tu les ai-mes bien, hein ?

5ᵉ EXERCICE.

O

Ob-bo, oc-co, od-do, of-fo, og-go, oh-ho, oj-jo, ok-ko, ol-lo, om-mo, on-no, op-po, oq, or-ro, os-so, ot-to, ov-vo, ox-xo, oz-zo.

Le jo-li jo-ko d'Oc-ta-ve est mort à No-vo-go-rod.

Sons identiques de O.

Au, eau, eaux, os.

Paul, res-tez en re-pos ; ne sau-tez pas ; n'al-lez pas au bord de l'eau. Je vais là-haut fer-mer les ri-deaux du ber-ceau de vo-tre sœur Lau-re ; el-le dort.

L'ASSAUT.

6ᵉ EXERCICE.

U

Ub-bu, uc-cu, ud-du, uf-fu, ug-gu, uh-hu, uj-ju, uk-ku, ul-lu, um-mu, un-nu, up-pu, uq, ur-ru, us-su, ut-tu, uv-vu, ux-xu, uz-zu.

Ur-su-le est u-ne pe-ti-te hur-lu-ber-lu.

7ᵉ EXERCICE.

VOYELLES DOUBLES OU DIPHTHONGUES.

Ai, ia, au, an, ei, ie, eu, ieu, en, ien, ian, io, oi, ion, oin, ou, oui, ui, iun, un, uin.

Di-eu est bon : il a soin de pour-voir à tous nos be-soins ; viens, re-mer-cions-le. — Oui, et so-yons tou-jours ex-acts à le louer aux jours où il l'a lui-mê-me com-man-dé.

8ᵉ EXERCICE.

CONSONNES DOUBLES.

bl.   br.   cl.   cr.   fr.   gr.   gl.
Blé, bras, clou, crin, frac, grain, gland.

pl.   pr.   st.   tr.   vr.
Plat, prix, stuc, trou, vrai.

Le pau-vre Fran-cis a pleu-ré et cri-é en vo-yant ses fleurs flé-tries par la gros-se pluie ; il en a plan-té d'au-tres à l'a-bri du grand pru-nier.

ch.   gn.   ll.
Chou, grognon, fille.

Le chat cher-che u-ne sou-ris, mais la gen-ti-ll-e bê-te a ga-gné son trou : e-ll-e y est bien ca-chée. Mi-non foui-ll-e du bout de sa pat-te ; ses yeux bri-ll-ent de fu-reur. N'ap-pro-che pas, Ca-mi-ll-e, il t'é-gra-ti-gne-rait.

LA CANTINIÈRE.

9ᵉ EXERCICE.

Ph, son identique de F.

Phi-la-del-phe, em-mè-ne Fi-dè-le, et va au pha-re a-vec Eu-phé-mie. Vous y ver-rez un pho-que : c'est un a-ni-mal am-phi-bie.

Th, son identique de T.

Thé-o-phi-le, ter-mi-ne ton thè-me, en-sui-te nous pren-drons le thé.

10ᵉ EXERCICE.

C prononcé comme *ss* avant E, I.

Cé-ci-le, fai-tes ce-ci, c'est un e-xer-ci-ce u-ti-le et né-ces-sai-re. Et vous, Al-ci-de, ces-sez de vous ba-lan-cer et de fai-re des gri-ma-ces.

11ᵉ EXERCICE.

C, prononcé *ss*, avant *a, o, u*, par l'addition d'une cédille.

Ça, ço, çu, çai çon.

Ce pe-tit gar-çon tou-chait sans ces-se mon poin-çon : je m'en a-per-çus et je le for-çai de le lais-ser ; mais il le re-prit et se per-ça la main.

C est dur devant *a, o, u*.

La cui-si-niè-re fe-ra cui-re du ca-ca-o pour Co-ra-lie, et du cho-co-lat pour Cons-tan-ce.

Sons identiques de C dur.

Pé-ki di-sait qu'un coq é-tait dans le kios-que ; j'ai cru en-ten-dre : u-ne co-quet-te est dans le kios-que, ce-la a fait un qui-pro-quo.

L'AIDE DE CAMP.

12ᵉ EXERCICE.

G est dur devant *a, o, u.*

J'ai ga-gné à la lo-te-rie u-ne gar-ni-tu-re de gui-pu-re, un go-be-let d'ar-gent guil-lo-ché et u-ne guir-lan-de de mu-guet.

G, son identique de J par l'addition d'un *e* devant *a, o, u.*

Gea, geo, geu.

J'ai fait u-ne ga-geu-re : si Geof-froy perd, il me don-ne-ra ses jo-lis pi-geons rou-geâ-tres ; s'il ga-gne, il au-ra mon geai a-vec la ca-ge et la man-geoi-re de cris-tal.

T prononcé *ss* entre deux voyelles.

L'en-fant sa-ge, qui a a-va-lé sa po-t-ion, au-ra ré-cré-a-t-ion ; le pa-res-seux re-ce-vra u-ne pu-ni-t-ion et n'au-ra pas de prix à la dis-tri-bu-t-ion.

LES JOURS DE LA SEMAINE.

Lundi.	Vendredi.
Mardi.	Samedi.
Mercredi.	Dimanche.
Jeudi.	

LES MOIS DE L'ANNÉE.

Janvier.	Juillet.
Février.	Août.
Mars.	Septembre
Avril.	Octobre.
Mai.	Novembre.
Juin.	Décembre.

LES SAISONS.

Le Printemps.	L'Automne.
L'Été.	L'Hiver.

FIN

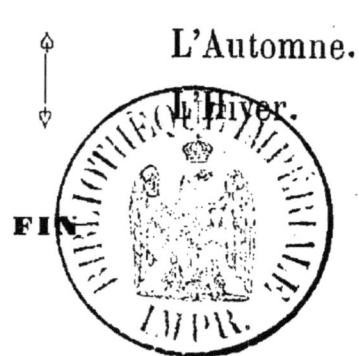

ZOUAVES.

LIBRAIRIE D'AMÉDÉE BÉDELET,
RUE DES GRANDS-AUGUSTINS, 20, A PARIS.

OUVRAGES DU FONDS DE M. L. DE BURE.

HISTOIRE NATURELLE DES PAPILLONS D'EUROPE,

Par Lucas, attaché au Muséum d'histoire naturelle. 1 beau volume grand in-8°, composé de 80 planches, avec texte.

Prix : broché, figures coloriées................................. 26 »

HISTOIRE NATURELLE DES PAPILLONS ÉTRANGERS,

Par Lucas. 1 beau vol. grand in-8°, orné de 80 pl., fig. color. 26 »

HISTOIRE NATURELLE DES OISEAUX D'EUROPE,

Par Lemaire, docteur en médecine. 1 vol. grand in-8°, orné de 80 pl., fig. coloriées................................. 26 »

HISTOIRE NATURELLE DES OISEAUX ÉTRANGERS,

Par Lemaire. 1 vol. grand in-8°, orné de 80 pl., figures coloriées..... 26 »

Ces quatre ouvrages se vendent également, avec les figures en noir, chaque volume................................. 10 50

ŒUVRES COMPLÈTES DE MOLIÈRE.

Un seul volume grand in-8°, imprimé à deux colonnes, avec un beau portrait................................. 7 »

Le même avec 18 gravures, sur papier de Chine............. 12 »

Le même ouvrage, édition de 1825 (sans faute), avec toutes les variantes................................. 9 »

(Il ne reste que quelques exemplaires de cette édition.)

ŒUVRES COMPLÈTES DE MONTESQUIEU.

Un seul volume grand in-8° à deux colonnes, avec un beau portrait. 7 »

ESSAIS DE MONTAIGNE.

Un seul volume grand in-8° à deux colonnes, avec son éloge, par M. Villemain, orné de son portrait................................. 7 »

LA HENRIADE DE VOLTAIRE,

Édition collationnée sur les textes originaux, avec notes et variantes. 1 vol. grand in-18, imprimé par M. Didot sur papier grand raisin vélin, et illustré de 11 gravures.................................. 2 fr. »

FABLES DE FLORIAN,

Imprimées par M. Didot. 1 vol. in-18, carré vélin, avec gravures.... 3 »
Les mêmes, sur grand raisin ordinaire avec gravures.......... 3 75

FABLES DE LA FONTAINE,

Avec les notes de M. Walcknaer. 2 vol in-8°, cavalier vélin........ 5 »
La même édition, avec 12 gravures d'après Moreau. 7 50

FABLES DE LA FONTAINE.

2 volumes in-8° carré des Vosges............................ 3 »
La même édition, avec gravures............................. 5 »

FABLES DE LA FONTAINE.

1 volume in-8°.. 2 50
La même édition, avec gravures............................ 4 50

HISTOIRE DES CONQUÊTES DES NORMANDS
EN ITALIE, EN SICILE ET EN GRÈCE,

Par M. Gauthier-d'Arc. 1 vol. in-8°, avec atlas in-4°, composé de 10 planches... 6 »

ŒUVRES COMPLÈTES D'HORACE,

Traduites par MM. Campenon et Desprez. 2 vol. in 8°.............. 6 »

ŒUVRES COMPLÈTES DE MME DUFRESNOY,

Avec une notice, par M. Jay. 1 vol. in-8°, orné de vignettes et portrait.. 2 »
Les mêmes œuvres, 2 vol. in-18........................... 2 »

HISTOIRE DU PETIT JEHAN DE SAINTRÉ,
DE LA DAME DES BELLES COUSINES, ETC.,

Par le comte de Tressan 1 vol. in-8°........................... 2 »

CLASSIQUES FRANÇAIS

FORMAT GRAND IN-32, IMPRIMÉS PAR MM. FIRMIN DIDOT.

PREMIÈRE SÉRIE à 50 centimes le volume.

MONTESQUIEU......	Esprit des lois...........................	6 vol.
——	Œuvres diverses......................	2
REGNARD...........	Œuvres.................................	4
DUCIS.............	Œuvres.................................	7
DESTOUCHES.......	Œuvres choisies......................	3
SAINT-REAL........	Œuvres choisies......................	2
HAMILTON.........	Contes.................................	2
——	Mémoires de Grammont..............	2
J.-J. ROUSSEAU.....	La Nouvelle Héloïse..................	6
VOLTAIRE..........	Epîtres, Stances et Odes.............	2
	Poésies et Discours en vers..........	1
	Temple du goût et Poésies mêlées...	1
	Contes en vers et Satires.............	1

DEUXIÈME SÉRIE à 60 centimes le volume.

BOSSUET...........	Discours sur l'histoire universelle....	3
FLECHIER..........	Oraisons funèbres, etc................	1
LOUIS RACINE......	La Religion, etc.......................	1
MALHERBE..........	Poésies................................	1
SAINT-LAMBERT...	Les Saisons...........................	1
J.-B. ROUSSEAU....	Œuvres choisies......................	2
VOLTAIRE..........	Théâtre choisi........................	6
	Histoire de Charles XII...............	2
LESAGE............	Gil Blas de Santillane.................	4
GRESSET...........	Œuvres choisies......................	3
TH. CORNEILLE....	Œuvres................................	1
MONTESQUIEU.....	Lettres persanes......................	2

TROISIÈME SÉRIE à 1 franc le volume.

Composée des ouvrages dont il ne reste qu'un petit nombre d'exemplaires.

LA BRUYÈRE.......	Caractères, suivis de ceux de Théophraste......	3
MOLIÈRE...........	Œuvres complètes.....................	8
B. PASCAL.........	Lettres provinciales...................	2
BOSSUET...........	Oraisons funèbres.....................	1
MONTESQUIEU.....	Grandeur et Décadence des Romains.	1
P. CORNEILLE.....	Théâtre choisi.........................	4
VOLTAIRE..........	La Henriade, avec notes et variante..........	1
GILBERT...........	Œuvres choisies.......................	1

LES PRINCIPAUX
MONUMENTS FUNÉRAIRES DES CIMETIÈRES DE PARIS
1 VOL. GRAND-IN 4°, COMPOSÉ DE 84 PLANCHES ET 84 NOTICES.

Table par ordre alphabétique des planches et des notices publiées.

ADANSON.
ANDRIEUX.
ARGENTEUIL (marquis d').
AUGUSTIN, peintre.
BEAUJOUR (le baron).
BEAUMARCHAIS et comte DE RIBES.
BELLINI.
BOÏELDIEU.
BOODE (famille).
BOURGOIN (mademoiselle).
BRONGNART.
CAMBACÉRÈS.
CAMILLE-JORDAN.
CAPITAINE (madame).
CASIMIR PÉRIER.
CHAPPE.
COUTEAUX.
CUVIER (baron).
DAVID (Louis), peintre.
DAZINCOURT.
DECRÈS.
DEMIDOFF (comtesse).
DENON (le baron).
DÉSAUGIERS.
DESEINE, statuaire.
DESENNE, dessinateur.
DIAS-SANTOS (mademoiselle de).
DUCHESNOIS (mademoiselle).
DUMOULIN (Évariste).
DUPATY (Charles).
DUPUYTREN.
FOY (le général).
FRÉSIA (la comtesse).
GALL, docteur.
GARREAU (Pierre).
GÉRICAULT, peintre.
GIRODET-TRIOSON.
GOUVION-SAINT-CYR (le maréchal).
GRANDEAU D'ABAUCOURT (le général).
GROS (baron).
HACHETTE.
HÉLOÏSE et ABAILARD.
HENRION DE PANSEY.
HÉROLD.
KELLERMANN (duc de Valmy).

LAFAYETTE (le général).
LALLEMANT.
LANNEAU (DE).
LAVALETTE (le comte).
LEBRUN, duc de Plaisance.
LEFEBVRE (le maréchal).
LEGOUVÉ.
LEMERCIER.
LENOIR-DUFRÈNE.
MALLET-JUMILHAC (madame de).
MASSÉNA, prince d'Essling.
MATHIEU DE MONTMORENCY (le duc).
MAZOIS, architecte.
MERCOEUR (Elisa).
MERLIN DE THIONVILLE.
MONGE.
MONTMORENCY-LAVAL (le duc de).
MONTMORENCY-LUXEMBOURG (madame de)
NEY (le maréchal).
NOURRIT (Adolphe).
PICARD.
PINEL (le docteur).
POISSON, pair de France.
RAVRIO.
ROBERTSON.
ROGNIAT (le général).
ROSILY-MESROS (l'amiral de).
SANTERRE (la famille).
SAXE-COBOURG (le prince de).
SAULX-TAVANNES.
SÉGUR-D'AGUESSEAU (le comte).
SUCHET, maréchal.
TALMA.
TRABUCHY (les frères).
TRUGUET (l'amiral).
TULLA (Godefroy).
VALENCE (le général comte de).
VICTIMES DE JUIN.
WINSOR.
Plan général du cimetière du Père
  Lachaise.
Vue du cimetière du Père-Lachaise.

Prix du volume cartonné, 45 fr

Paris. — Imp. Simon Raçon & Cie, rue d'Erfurth

www.ingramcontent.com/pod-product-compliance
Lightning Source LLC
LaVergne TN
LVHW021737080426
835510LV00010B/1280